Este libro le pertenece a:

_____

Este libro está dedicado a mis hijos - Mikey, Kobe, y Jojo.
El mindset es todo.

Ninja Life Hacks™

El Ninja de Mentalidad de Crecimiento

de Crecimiento

Por Mary Nhin

--No soy muy bueno en la pesca todavía --le dije a mi padre.

Así es, campeón. Todavía no, pero algún día lo serás.

Yo solía desanimarme, pero ¡encontré una manera de superar los desafíos y ser conocido como el ninja con el cerebro más poderoso!

Antes de desarrollar mi poderoso cerebro, me rendía fácilmente.
¡No entendía que el aprender era la parte divertida!

Me desanimaría fácilmente de mis fracasos...

Cuando no entendía las instrucciones de un juguete nuevo, exclamaría...

¡No puedo entender esto!

Si un amigo me preguntaba cómo resolver un rompecabezas, le diría...

No sé cómo.

Cuando estaba practicando mi tabla de multiplicación, yo diría...

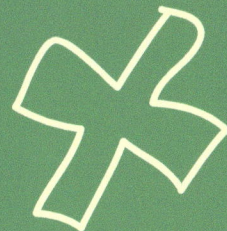

$307 \times 2 =$?

$582 \times 3 =$?

? ? ?

¡No soy bueno en esto!

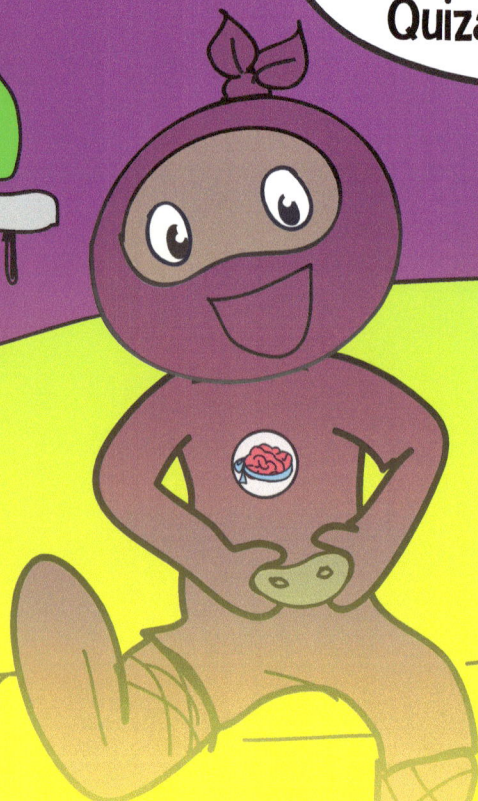

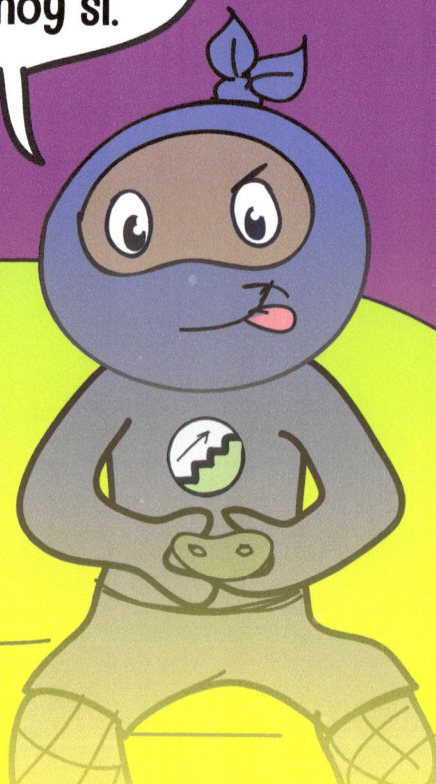

Y justo como mi amigo había predicho, ¡El Ninja Audaz ganó el juego difícil!

¡Bien hecho! ¿Cómo hiciste eso?
Lo que se hace es añadir la palabra 'todavía' a todo. Luego, hay que esperar a que la magia suceda en el cerebro.

Lo que se hace es añadir la palabra 'todavía' a todo. Luego, hay que esperar a que la magia suceda en el cerebro.

El poder del TODAVÍA

No sé cómo hacer eso... TODAVÍA.

No puedo hacer eso... TODAVÍA.

No soy bueno en esto... TODAVÍA.

Pensé en esto por un tiempo. Dudé de que agregar solo una pequeña palabra pudiera hacer una diferencia. Decidí intentarlo de todos modos.

Hmmmm...

Al día siguiente, mi familia estaba disfrutando
de nuestro rompecabezas semanal.

¡Me estaba divirtiendo mucho!

Entonces, me quedé perplejo por una pieza. Por costumbre, grité...

¡No puedo entender esto!

Tan pronto como las palabras salieron de mi boca, recordé la magia de la palabra "todavia". Así que lo intenté...

No puedo entender esto... ¡TODAVÍA!

De repente, las nubes se separaron y mi cerebro comenzó a crecer. Estaba haciendo conexiones que no podía ver.

¡Antes de que me diera cuenta, ya había resuelto el rompecabezas por mi cuenta!

¡Debido al Poder del Todavía, mi cerebro continúa creciendo!

¡Usar el Poder del Todavía podría ser tu arma secreta para construir un cerebro fuerte!

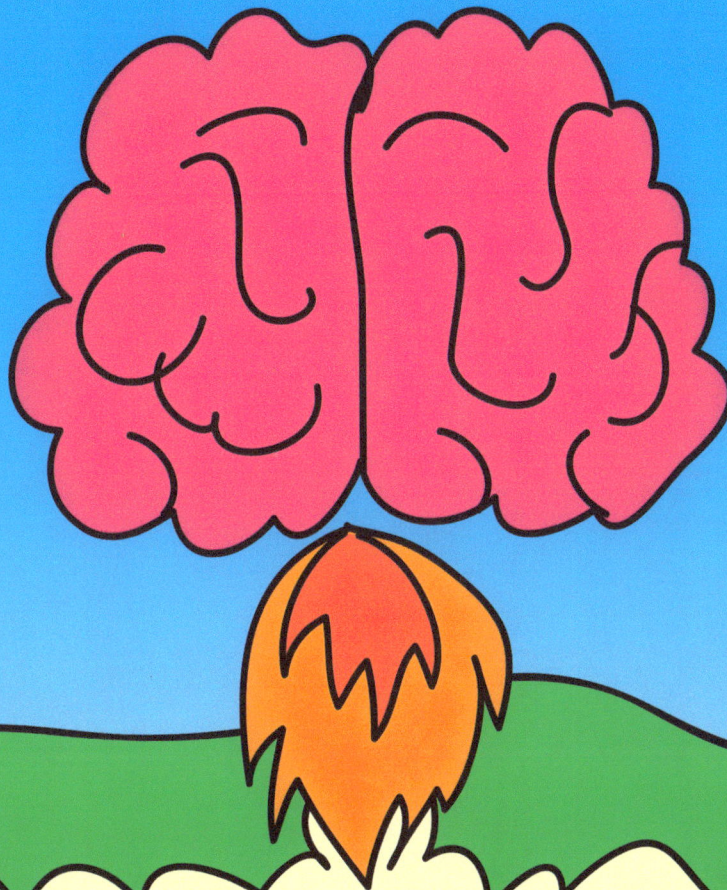

www.ingramcontent.com/pod-product-compliance
Lightning Source LLC
Chambersburg PA
CBHW042025090426
42811CB00016B/1745